BOOKS on DEMAND

Liebe Leserinnen, liebe Leser,

dieser Gedichtband ist den Menschen, ihren Gefühlen, Träumen, Gedanken und Empfindungen gewidmet.

Ich wünsche wieder allen Lesern viel Freude damit.

Ihre

Heike Boeke

Heike Boeke

Gedichte über und für Menschen

Bibliografische Information der Deutschen Nationalbibliothek:
Die Deutsche Nationalbibliothek verzeichnet diese Publikation in der Deutschen Nationalbibliografie; detaillierte bibliografische Daten sind im Internet über http://dnb.dnb.de abrufbar.

Illustration: **Heike Boeke**

Herstellung und Verlag: BoD – Books on Demand, Norderstedt

ISBN: 978-3-7460-3383-9

Inhalt

Ich träumte von einem fernen Land,
in dem nur Freundschaft uns verband

Ein Land, in dem nur herrscht die Liebe
und nicht mehr hektisches Getriebe

Ein Land, in dem die Kinder lachen
und keine Bomben auf sie krachen

Ein Land, in dem geschätzt wird die Natur
und nicht das schnelle Rasen auf der Spur

Ein Land, in dem es Nahrung gibt im Überfluss
Kein Mensch mehr täglich hungern muss

Ein Land, in dem man hört sich zu
und man kommen kann zur Ruh

Ein Land, in dem man respektiert
und die Furcht man leicht verliert

Ich wachte auf und sah nach draußen
Da packte mich das kalte Grausen

Der Traum, er blieb ein Traum für mich
Ändern kann man selbst nur sich

Jedoch die Hoffnung, die ich hege,
dass man findet doch noch Wege
und der Verstand sich endlich rege

Man schaut sich um und fragt sodann
Welch Sinn im Leben findet man?

Soll ich ein Haus baun, Kinder kriegen,
im Urlaub in der Sonne liegen?

Soll Geld ich häufen wie verrückt?
Was ist es, was mich denn beglückt?

Macht mich die Arbeit wirklich froh?
Wo find ich denn den Sinn, nur wo?

Bei Gott such ich ihn, find ihn nicht
Es geht mir einfach auf keine Licht

In der Natur find ich zwar Ruh
Doch ist es richtig, was ich tu?

Der Sinn ist es das Gute tun
und nicht auf seinem Diwan ruhn

Und kämpfen nicht für sich allein
Für andre auch mal da zu sein

Zu kämpfen für Gerechtigkeit,
um zu verhindern manches Leid

Der Sinn des Lebens ist ein Ort,
wo Menschen stehn zu ihrem Wort

Wo fühlt man mit dem andren mit
Das wäre dann der erste Schritt

Vergeblich renn ich hinterher
Die Zeit wird weniger, statt mehr

Der Stundenzeiger rückt voran,
noch schneller, als ich denken kann

Der Tag doch gerade hat begonnen
So schnell er ist nun schon zerronnen

Das Jahr, erst wurd es doch geboren
Nun steht sein Ende vor den Toren

Grad war ich noch ein Kind ganz keck
und jetzt sind all die Jahre weg

Ein kostbar Gut, das ist die Zeit
Verschwendet mit viel Nichtigkeit

Verwendet nicht für freundlich Worte
Und zu besuchen schöne Orte

Verschwendet mit der Jagd nach Macht,
bis sie dann kommt, die ewge Nacht

Drum sei nicht dumm und schätz die Zeit
Dann wird sie für dich Ewigkeit

Zickzack laufen manche Wege
Manchmal sind es auch nur Stege

Reißend Flüsse man durchquert
und in Sackgassen man fährt

Manchmal auch im Kreis sich dreht
Steifer Wind entgegenweht

Oftmals Berge muss erklimmen
Tiefe Wasser auch durchschwimmen

Erschöpft sitzt man am Wegesrand
Soeben hat man sich verrannt

Der Lebensweg ist niemals gerade
Und ganz gewiss aus nicht nur fade

Er fordert auf mal nachzudenken
Den Fuß in andre Richtungen zu lenken

Nicht immer leichte Wege gehen
Für seine Meinung aufzustehen

Befreit von allzu viel Ballast
Und vorwärts gehen ohne Hast

Bei lieben Menschen zu verweilen
Und keinesfalls sich zu beeilen

Der Weg durchs Leben, der macht Spaß,
wenn findet man das richtge Maß

Das WIR, das kommt doch vor dem ICH
So denkt man manches Mal für sich

Doch ICH kommt meistens vor dem WIR
und taktlos ist so manche Gier

Ans ICH wir denken oft so sehr,
dass wir zum WIR sind nicht sehr fair

Drum überleg ich ständig neu,
wie ich das WIR nun jetzt erfreu

So schau ich meinen Mitmensch an
und frag ihn nach den Wünschen dann

Das WIR ist besser stell ich fest,
wenn man den andren leben lässt

Wenn du ihn besser kennenlernst,
dann ist das Leben nicht so ernst

So ist das WIR weit besser dran,
weil ich das ICH verlieren kann

Was interessiert mich meine Umwelt,
ob auf der Welt jetzt grad ein Baum fällt?

Was interessiert mich all das Leid?
Es nimmt mir nur die Heiterkeit

Ich kann ja sowieso nichts ändern,
zumal in weit entfernten Ländern

Nur mein Befinden, das ist wichtig
Dafür zu kämpfen, das ist richtig

Nur was persönlich mich tangiert
Dagegen aufgestanden wird

Ich seh kein Leid, kein Unrecht hier
Ich trink viel lieber mal ein Bier

Auf mich, da schau ich ganz allein
Ich fühl mich nur in mich hinein

Entspannt leb ich so vor mich hin
und merk gar nicht, wie kalt ich bin

Gleichgültig gegen Jedermann
Das Ego stell ich vorne an

Doch eines Tages werd ich sehn
Die Welt, sie wird zugrunde gehn,
wenn Menschen kein Interesse zeigen
und spielen nur auf eignen Geigen

Unmenschlichkeit, die ist nicht mehr weit,
wenn herrscht nur die Gleichgültigkeit

"Was ist gerecht ?" denk ich so oft
Der Mensch doch darauf immer hofft

Ich schau mich um und stelle fest
Gerechtigkeit sich dehnen lässt

Wenn Freunde hast und auch viel Geld,
das manches Mal den Blick verstellt

Wenn denkst gerecht ist das nicht mehr,
wie oft irrst dich gewaltig sehr

Doch alle trifft dasselbe Los
Sie kehrn zurück in Erdes Schoß

Dann hilft kein Geld und keine Macht
Denn allen gilt die ewge Nacht

Drum sei nicht traurig und bedrückt
An Recht zu glauben ist verrückt

Danke

Alsbald man lehrt dem kleinen Kind,
dass Dankesworte nötig sind

Doch ist der Mensch erwachsen dann,
das einfach Wort nicht sagen kann

Er druckst und windet sich gar sehr
Dies Wort, er kennt es gar nicht mehr

Ohn Zögern nimmt er jedoch an,
wenn andrer Hilfe leisten kann

Nur Dank zu sagen ist nicht in
Auch wenn es machen würde Sinn

Vielleicht man sollt es wieder lehren
Nicht länger Dankeswort entbehren

Blicke wechseln, schmaler Mund
Gerücht macht wieder seine Rund

Gehässigkeit und Vorurteil
Sie treiben einen furchtbar Keil

Geheimes basteln an der Lüge,
dass es dem Nächsten Wunden schlüge

Das er verletzt im Graben liegt
und hässliches Gerede siegt

Ein spitzer Pfeil, das ist Geschwätz
Umwebt dich wie ein klebrig Netz

Erstickt Barmherzigkeit und Liebe
Bringt nur hervor verdorrte Triebe

Drum überleg dir gut dein Wort
Mit ihm begehst du schnell ein Mord

Es klebt und fühlt sich süßlich an
und schmeißt sich von der Seite ran

Manch Lob, es ist so hinterhältig
und daher oft auch widerwärtig

Es will verlocken und betören
Du wirst manch Falsches darin hören

Such Freunde daher, die sind ehrlich,
denn falsches Lob ,das ist entbehrlich

Schau daher in die Augen fest
Dann kannst du denken dir den Rest

Die Furcht, sie kriecht mir in die Knochen
Ich glaub, man hört mein Herz laut pochen

Die Hände sind ganz nass von Schweiß
Mir wird vor lauter Furcht ganz heiß

Die Beine sind so weich wie Wolle
Vor Angst ich mit den Augen rolle

Wie soll ich das nur überstehen?
Am liebsten würd ich von hier gehen

Doch halt ich durch, der Mut kommt wieder
Vorbei ist nun das Lampenfieber

Gehässigkeit

Gehässigkeit ist wie ein Schwert
Des Lebens Freude es beschwert

Sie kann so tiefe Wunden schlagen
Gar manche wir ein Leben tragen

Wie Galle, bitter ist sie sehr
Bösartig ist sie und nicht fair

Sie kommt meist aus dem Hinterhalt
Erwischt den andern plötzlich kalt

Vor solchen Menschen hüte dich
Sie wollen nur erhöhen sich

Sie kommen auf die fiese Tour,
denn dastehn wolln sie besser nur

Von solchem Mensch da wend dich ab
Er zieht dich sonst nur mit herab

Menschmasken

Menschenmasken grinsend starren
Halten dich manchmal zum Narren

Falsche Worte, schmeichelnd Blick
Maskenmenschen kenn den Trick

Schöne Larven, schick gemacht
Bosheit doch dahinter lacht

Wenn sie dann die Maske heben,
siehst du schnell ihr wahres Streben

Doch sehr oft ist es zu spät
Man hilflos in die Falle geht

Drum in die Augen schau hinein
Ein ehrlich Spiegel sie werden sein

Geduld zu haben ist nicht leicht
Das Ziel nur langsam man erreicht

Der Erfolg ist nicht in Sicht
Das Ende eines Tunnels nicht

Ein Rückschlag tritt auch manchmal ein
Genügen muss auch mal ein Nein

Doch bleibt man stetig dran am Ziel,
erreichen kann man dann sehr viel

Geduld zu haben bis die Zeit,
für den Erfolg, sie ist soweit

Das lange Warten zahlt sich aus
Viel Gutes kommt dabei heraus

Drum hab Geduld, wenn`s auch fällt schwer
Sie zahlt sich aus fast immer sehr

Es kribbelt und mir wird ganz heiß
Auf meine Lippen ich mir beiß

Gedanken schwirren durch die Lüfte
Verwirren tun mich viele Düfte

Im Bauch ,da wird es wohlig warm,
als er mich nimmt in seinen Arm

Die Füße werden butterweich,
als ich ihm meine Hand hin reich

Zu stottern fang ich jetzt noch an
Die Augen ich nicht wenden kann

Mein Herz, laut fängt es an zu pochen
Gesicht fühlt an, als würd es kochen

Oh Gott ich wollt es wär vorbei
Der Kopf wär endlich wieder frei

Ich schau mich so im Spiegel an
und steh vor ihm, so wie ein Mann

Die Hose zwackt, der Gürtel klemmt
Ich passe in kein feines Hemd

Von oben seh ich keine Schuhe
Das lässt mir jetzt doch keine Ruhe

Schluss ist jetzt mit den Süßigkeiten
Ich lass mich jetzt nicht mehr verleiten

Das Bier, es bleibt im Kühlschrank auch
Bekämpft wird jetzt mein dicker Bauch

Ich ziehe meine Laufschuh an
und pirsch mich an das Laufband ran

Es wird geächzt und auch geschwitzt
Mein Kopf ist puterrot erhitzt

Am nächsten Morgen denk ich dann,
dass das kein Mensch aushalten kann

Ich frag mich, ob das sinnvoll ist,
wenn man so wenig nur noch isst

So steh ich vor dem Spiegel nun
und glaub, ich werd jetzt nichts mehr tun

Zu kurz zu Darben ist das Leben
Darauf jetzt werd ich einen heben

Zu oft hab ich mir vorgenommen,
gehabt auch einen Wunsch den frommen,
wie eine Gerte schlank zu sein

Nichts essen ist mir aber Pein

Ich knabbre an `nem Stückchen Brot
Mein Magen ist in höchster Not

Ich träum vom süßen Schokoriegel
Jedoch ich meinen Mund versiegel

Die Hände zappeln immer mehr
Gedanken schweben hin und her

Beschuht zieh ich nun meine Bahn
Vorbei ist dann der Schokowahn

Weise sagt man, sind die Alten
und besonders die mit Falten

Viel Lebensjahre sie verbracht
und manch dunkel garstig Nacht

Von Erlebtem sie gebückt
Manches davon gut geglückt

Lernen kann man viel von ihnen
Den Respekt sie auch verdienen

Höre ihnen ernsthaft zu
Viel draus lernen, das kannst du

Denn die Fehler, die sie machten,
die kannst du für dich beachten

Auch den Rat, den sie dir geben,
kann verschönern dir dein Leben

Die Weisheit, die aus ihnen spricht,
tu gut daran - verachte nicht.

Rücksicht, das glaubt Jedermann,
der andre auf ihn nehmen kann

Doch weh, wenn Rücksicht er dann wünscht,
gib Acht, dass man ihn nicht noch lyncht

Denn meist ist dieser Wunsch vergeblich
Die Meinung variiert erheblich

Es stellt heraus sich nämlich schnell
Der andre hat ein dickes Fell

Beschämend ist die Wirklichkeit
Sie ist geprägt von Hass und Neid

Das eigne Wohl stellt stets voran
Des andren Wunsch vergisst sodann

Auf deinen Nächsten nur zu zeigen
und sich des andren Wunsch nicht neigen,
das ist der Zeitgeist dieser Welt,
in der man tut, nur was gefällt
und Rücksicht hintenan dann stellt

Helle Tage/dunkle Tage

Manche Tage sind ganz grell
Diese Tage nenn ich hell

Dunkle Tage sind ganz grau
Wie durch einen Schleier schau

Helle Tage Glücksgefühle
Dunkle Tage Eiseskühle

Geschwister sind die Beiden
Jedoch sie können sich nicht leiden

Drum sage ich zur Helle: "Bleib!"
Dem dunklen Tag ich aber schreib.

"Bleib fern von mir, du tust nicht gut
Am Dunkeltag verlässt mich Mut
Der helle Tag jedoch bring Glück
Soll mich begleiten noch ein Stück."

Gier

Die Gier ist einer Schlange gleich,
die zischelnd durch Gebüsche schleicht

Erstickt an ihrem Opfer meist,
wenn sie ein Stück zu viel abbeißt

Missgeschick

Es ist passiert, ich bin ganz rot
Am liebsten wär ich sogar tot

Der Löffel fiel, es spritzte munter
Die Suppe lief an mir herunter

Ich springe auf, der Stuhl kippt um
Die Leute lachen sich ganz krumm

Die Hände kalt und schon ganz blau
Ich frier - weil ich bin eine Frau

Die Zehenspitzen schon ganz starr
und auf den Armen steht das Haar

Es schüttelt mich am ganzen Leib,
sosehr ich auch die Finger reib

Warum, so denk ich ärgerlich,
lässt mich das Wetter so im Stich?

Am nächsten Morgen denk ich dann,
hab ich bestimmt was Warmes an

Phantasie

Träum mich so in meine Welt
Die Gedanken wie ein Zelt

Flattert in des Windes Macht
Schützt mich, wenn es um mich kracht

Hilft mir, wenn ich traurig bin
Fragt nicht nach des Lebens Sinn

Lässt mich Lachen, Witze machen

Führt mich fort ins Anderland,
wo ich Wundersames fand

Macht die Welt ein wenig bunter
Danach bin ich wieder munter

Ein Schmetterling, das ist das Glück
Begleitet dich oftmals ein Stück

Doch manchmal fliegt`s gar schnell vorüber
Dann werden deine Tage trüber

Versuch es nicht ,das Glück zu fangen
und an das Glück schnell zu gelangen

Denn Glückes Flügel sind sehr zart,
wenn man zu rüpelhaft sich naht

Drum sitze einfach mal und träume
und geb dem Glück die richtgen Räume

Dann Schmetterling, er setzt sich nieder
und Glücksmomente hast du wieder

Es hebt vibrierend sich der Bauch
Der Busen jetzt erbebt nun auch

Die Augen werden Schlitzen gleich,
aus denen Tränen blitzen reich

Die Rachenmandel man erblickt
Ein Jauchzen in den Himmel schickt

Glücksmoment, er ist vorbei
Atem schwingt jetzt wieder frei

Körper ist jetzt durchgeschüttelt
Geist ist wieder wachgerüttelt

Mundes Winkel fällt hernieder
Taschentücher such ich wieder

Schluchzend lieg ich völlig matt
Tränen in den Augen satt

Krämpfe schütteln meinen Leib
Brennend Augen ich mir reib

Sterben will ich Jetzt und Hier
Herz zerreißt es fast schon mir

Worte stammelnd von mir gebe
Oh, wenn ich doch nicht mehr lebe

Doch Dunkelheit dem Licht nun weicht
Das Leben jetzt ist wieder leicht

Getrocknet sind die Tränen nun
Die Sorgen lass ich jetzt mal ruhn

Die Weisheit ist ein selten Tier,
das man nur manchmal findet hier

Denn Weisheit würde viel vermeiden
und Menschen würden nicht mehr leiden

Oft sucht das Tier jedoch das Weite,
vor Hass und Niedertrachtes Seite

Wo Krieg und Wut und Dummheit haust,
ein Haus der Weisheit du nicht baust

Wo Menschen töten, Zwietracht säen,
wirst dieses scheue Tier nicht sehen

Man glaubt, das Geld heilt alle Sorgen
Man müsste nichts mehr für sich borgen

Man könnte leben wie die Made
Das Leben wäre niemals fade

Nie mehr du müsstest dich verbiegen
Für Geld du würdest Alles kriegen

Gewaltig irrst du dich jedoch,
denn Neider gibt es noch und noch

Zufriedenheit kannst du nicht kaufen
und alles Geld auch nicht versaufen

Drum scheffle nicht nen unnütz Schatz,
denn alles Geld ist für die Katz,
bei Geldverfall ist`s weg - Ratzfatz

Es wühlt, es kocht, die Galle steigt
Der Kopf sich in den Nacken neigt

Das Auge rollt , die Faust geballt
Am liebsten in den Magen knallt

Die Luft vibriert vor lauter Wut
Wortgewitter sich entlud

So kann man Einsicht nicht erreichen
Zurück da bleiben nur noch Leichen

Die Wunden, die man hirnlos schlug,
den Hass, den man grundlos in sich trug,
sie eitern und vergiften nur

Verräterische Spur

Sie ist aus Glas, aus Holz, aus Stein
Mit ihr man schließt sich sicher ein

Manche Ängste tief verborgen
und auch viele kleine Sorgen
finden sich oft hinter ihr,
wenn sie niemals öffnen wir

Drum macht auf die Herzenstüren
Frischen Wind ihr könnt dann spüren

Sonne scheint hinein dann hell
Sorgen die verfliegen schnell

Widerstand

In mir brodelst, fast ich platze
Krallen hab ich, wie ne Katze

In der Tasche Faust sich ballt
Meine Hände sind ganz kalt

Widerwort sich formt im Mund
Meine Meinung tut es kund

Unsinn so nicht stehen lasse
Lüge ich beim Schopfe fasse

Nehmt nicht alles so leicht hin
Fragt auch manchmal nach dem Sinn
Widerstand ist ein Gewinn

Das Recht einklagen, sprechen, haben
Paragraphenwälder in den Himmel ragen

Gesetze gibt es gar so viel
Solln dienen nur dem einen Ziel

Verhelfen solln sie mir zum Recht
und zur Gerechtigkeit ich dächt

Doch kluge Köpfe drehn sie um
und der, der klagt, der schaut recht dumm

Er schaut verwirrt,
er hat geirrt,
Gerechtigkeit sehr oft verliert

Gerecht das Recht es kann nicht sein
Den Mensch bezieht es nicht mit ein

So wie der Baum zuvor gelebt,
aus dem dann wurd Papier geklebt,
so tot ist das, was drauf gedruckt,
Gerechtigkeit es oft bespuckt

Der Mensch legt aus, was da geschrieben
Ein Urteilsspruch, er ist geblieben

Gerecht und Recht sind Zweierlei
Nur die Gedanken, sie sind frei

Im Buch Korinther steht geschrieben:
"Deinen Nächsten sollst du lieben."

"Vergebens!" denk ich so für mich
Mein Nächster lässt mich doch im Stich

Wie kann ich diesen Menschen lieben,
der nur von seinem Ich getrieben?

Der ärgert mich den ganzen Tag
An Nächstenliebe ich verzag

Auch heißt`s, die Liebe soll vergeben
Dann hat man mehr von seinem Leben

Versagen würd sie zudem nie
Ich frag den ganzen Tag: "Nur wie?"

Dann fällt mir ein, was da gemeint
Ich soll nicht sehn im Nächsten Feind

Ich soll nicht Gleiches ihm vergelten
Denn Nächstenliebe ist halt selten

Mein Herz soll tragen nicht Ballast
Das tut es nämlich, wenn es hasst

Müde schau ich auf das Weltgeschehen,
wie die Menschen sich im Kreise drehen

Die Lösung, sie ist oftmals nah,
sogar man mit den Augen sah

Doch wird gesät oftmals nur Gier
und schlimmer noch als jedes Tier,
es fehlt an jeglicher Manier

Der Mensch, er strebt nach Geld und Macht
Auf die Natur er gibt nicht acht

Stets nur auf Vorteil ist bedacht
Menschlichkeit, sie wird verlacht

Von Gipfeln spricht man und von Zielen
Versprechungen vom Himmel fielen

Doch schau ich müde mich nun um
Ich glaub, man hält mich hier für dumm

Wie hoffnungslos ist all das Reden
Wie Marionetten an den Fäden

Es wird doch nur gesät der Neid
So läuft sie weg, die kostbar Zeit

Die Zukunft, düster seh ich drum,
denn Menschheit, sie dreht sich nicht um

Verschließt die Augen vor den Kriegen
Glaubt gegen die Natur zu siegen
und sich in Sicherheit zu wiegen

So müde bin ich von den Worten
Gesprochen an viel noblen Orten

Jedoch auf Taten wart ich jetzt,
bevor die Hoffnung stirbt zuletzt

Wahrheit

Römer fragt, was Wahrheit ist
Woran Wahrheit sich bemisst

Sie ist das Gegenteil von Lüge
und undurchsichtigem Gefüge

Duldet keine halbe Sachen
Kompromiss kann sie nicht machen

Sprudelnd klar und rein
Wahrheit kann wie Wasser sein

Was machbar ist, das wird gemacht
Der Mensch dazu die Macht er hat

Wurscht ist die Natur ihm oft,
die oftmals auf sein Mitleid hofft

Die Zukunft ist ihm daher schnuppe
Er denkt nur bis zur nächsten Kuppe

So haben wir nun oftmals Leid,
weil unser Ahn dacht nicht sehr weit

Er heizte unsern Erdball auf
So nimmt das Elend seinen Lauf

Das Wasser bis zum Hals uns steigt
Der Vorrat sich zu Ende neigt

Die Tier- und Pflanzenwelt dahin
Es steigt jedoch noch der Gewinn

Doch merkt der Mensch dann irgendwann,
dass man das Geld nicht essen kann

Und unser Kind, das schaut und denkt:
"Welch hässlich nutzloses Geschenk"

Es kriechen tropfend Worte schwer,
die auch noch seltsam inhaltsleer

Aus diesem Mund, der offen steht,
den fauliger Gestank umweht

Das Wort, gewendet und gedreht
Sein wahres Ich es nicht verrät

Integer ist der Mensch doch nicht
Zeigt daher dir ein falsch Gesicht

Scheinheilig ist er und gefährlich,
denn seine Worte sind nicht ehrlich

Von solchem Mensch, da wend dich weg
Aus seinem Mund da kommt nur Dreck

Ganz niederträchtig kommt`s daher
Es zu erkennen fällt oft schwer

Nach vorne schleimend freundlich ist
Von hinten dir die Seele frisst

Mit Worten nicht zu greifen ist
Geprägt ist es durch Hinterlist

Es fällt dich hinterrücks dann an
Dagegen sich nicht wehren kann

Den Fehler suchst zum Schluss bei dir
Kommst vor dir wie gefang`nes Tier

Im Übermaß steigt jetzt die Wut
Es schwelt in dir die heiße Glut

Doch lass dich nicht ins Boxhorn jagen
und an dem Mobber nicht verzagen

Sein Intellekt ist nicht sehr weit
Getrieben von Gehässigkeit

Streck ihm die Faust in sein Gesicht,
denn er ist gar ein armer Wicht

Lass nicht zu des andren Macht
Auf deine Würde gib drum Acht

Mord,Vertreibung,Unglück,Not
Der Himmel färbt sich blutend rot

Getötet wird aus Hass und Neid
Der Mensch, er tut mir wirklich leid

Warum denn diese Gier nach Macht?
Viel besser ist es doch, man lacht
Viel besser ist es doch, man redet,
bevor mit Waffen sich befedet

Gewinnen kann den Krieg man nicht
und wenn man noch so sehr erpicht

Was bleibt sind seelenlose Hüllen
Selbst Liebe kann sie nicht mehr füllen

Freundschaft

Ein wertvolles Gut die Freundschaft ist
An trüben Tagen sehr vermisst
Die Freude teilen, sich beraten
Gemeinsam sitzen auch im Garten

Umarmen sich in schlimmen Zeiten
Zu teilen auch Gemeinsamkeiten
Zu helfen sich, wenn man in Not
Auch ärgern sich vor Zorn ganz rot

Die echte Freundschaft wie ein Baum
Auch Sturm sie bringt ins Wanken kaum
Drum heg sie wie ein kleines Kind
Denn selten echter Freund sich find

Die Tretmühle

Ich lauf im Kreis und find ihn nicht
Ein Ausweg ist oft nicht in Sicht

Ermüdend ist die täglich Last
Ich finde einfach keine Rast

Komm nicht voran
Tret auf der Stelle
Von vorne fang ich wieder an
Verzweifelt such ich sie, die Helle

So müh ich mich so Tag für Tag
Wann endlich mich heraus ich wag

Morgen mach ich Dies und Das
Heute ich es aber lass

Morgen mach ich sicher Sport
Heute geh ich lieber fort

Morgen putz ich meine Wohnung
Darauf setz ich mit Betonung

Morgen ruf ich dich mal an
Heute ich jedoch nicht kann

Morgen schreib ich einen Brief
Heut jedoch ich länger schlief

Morgen mach ich reinen Tisch
Heut jedoch die Wohnung wisch

Morgen werd ich dich besuchen
Heut jedoch, da back ich Kuchen

Schieb nicht alles vor dich her
Auch wenn es dir fällt so schwer

Denn schon Morgen kann es sein,
dass dir brichst dein linkes Bein

Mach es gleich und jetzt und heut
Das den andern dann erfreut

Das Jahr wird eingeteilt in Tage,
bei denen stellt sich mir die Frage:
„Warum nennt man sie Feiertage?"

Nur freie Tage sind es oft,
in denen man auf Ruhe hofft

Was machen denn die Arbeitslosen,
die nicht gebettet sind auf Rosen?

Was machen die, die krank und alt?
Ist ihnen feiertags auch kalt?

Was machen die, die sind allein,
weil niemand lädt sie zu sich ein?

Solch Tage sind oft voller Frust,
weil man zum Feiern keine Lust

Daher geb` ich nen Rat für diesen Tag
An Feiertagen nicht verzag

Denn oft erfüllt sich nicht der Wunsch,
dass man gemeinsam sitzt beim Punsch

Drum lebe, feiere jetzt und heute
und denk dabei auch an die Leute
die sitzen oft allein im Haus
und Feiertag, er ist ein Graus

Er kommt oft plötzlich, unverhofft
An meiner Tür hat angeklopft

Die Tür zu öffnen fällt sehr schwer
Von dort gibt`s keine Wiederkehr

Wenn nimmt er mir das Liebste fort,
an einen weit entfernten Ort
Das Herz, es bricht vor Schmerz entzwei
Die Trauer ist so schwer wie Blei

Warum nur kommst du düstrer Mann?
Ich einfach es nicht fassen kann
Mein Leben ist so schwer und leer
Vermisse dich mein Liebstes sehr

Ich hoff jedoch, dass ich dich sehe,
wenn ich dann mit Gevatter gehe

In jeder Blume such ich dich
An alles Schöne erinnre mich
In Bergen, Seen und auch am Meer
harr ich dann deiner Wiederkehr

Des Todes Stachel zieh ich dann,
wenn ich dich bald umarmen kann

Mit Schwert und Bomben Unheil bringen
und Lieder voller Hass absingen
Dann Siege damit wolln erringen,
das glaubt ein Mensch, der liebt Gewalt
Welch` Dummheit ist er in Gestalt

Gewalt in Wort und Tat und Streben,
kann nehmen nur das Menschenleben
Sie hinterlässt nur tote Herzen
Unendlich sind dabei die Schmerzen

Was treibt dies grausame Tun nur an?
Welch Macht hält es in seinem Bann?

Es ist Verachtung vor dem Leben
und egoistisches Bestreben
Die Meinung, dass man besser ist
Die Liebe dabei dann vergisst

Ein Mensch, er ist das dann nicht mehr
Drum der Gewalt den Rücken kehr

Prall gefüllt ist das Regal
Wieder steh ich vor der Wahl

Welchen Käse soll ich kaufen?
Womit will ich mich besaufen?

Back ich Kekse oder Kuchen?
Wo soll ich den Urlaub buchen?

Passt mir noch das gelbe Kleid?
Auf Nachbars Auto schau voll Neid

Ne neue Küche möcht ich auch,
egal ob ich sie jetzt schon brauch

An andren Orten Hungersnot
Da kämpft man um ein kleines Brot

Auch hier in userm reichen Land,
da stehen Menschen nur am Rand
Drum überleg, was Hunger ist,
bevor du unzufrieden bist

Freiheit ist ein hohes Gut
Sie zu haben, das ist gut

Freiheit jedoch endet jäh,
wenn ich eine Grenze seh

Seht des andren Freiheit auch
Denkt nicht nur an euren Bauch

Freiheit ist ein hohes Gut
Sie zu haben, das ist gut

Frei zu sein, das ist Verpflichtung
Steuern in die richt`ge Richtung

Für die Freiheit kämpf daher
Sie zu verteidigen ist schwer

Fälschlich sie jedoch missbrauchen
Freiheit in der Pfeife rauchen
Das wär niederträchtig Denken
Freiheit darf man hier nicht schenken

Freiheit ist ein hohes Gut
Sie zu haben, das ist gut

Der Staat

Wenn`s brennt ruft man stets nach ihm laut
Auf seine Fürsorge man baut

Doch zeigt er dann auch mal die Krallen,
lässt er das Blut in uns stets wallen

Er soll uns bitteschön bedienen,
denn wir sind hier die fleißgen Bienen

Wir ackern, stöhnen, schwitzen hier
Drum wir erwarten was von dir

Wir Straßen, Schulen, Bäder wollen,
wenn wir schon dafür schuften sollen

Doch wenn die Steuer dann wird fällig,
dann jammern wir auch noch einhellig

Der Staat, der hat doch so viel Geld:
Dass er bei mir die Hand aufhält!

Zudem gibt`s auch noch reichre Leute
Da kann er machen fette Beute

So denkt ein jeder hier und heut
Den Vater Staat es nicht erfreut

Greift euch daher an eure Nase,
bevor ihr plappert eine Phrase

Wenn ich die Fernsehbilder sehe
Manch Elend kommt in meine Nähe

Soll ich davor die Augen schließen
und besser meinen Wein genießen?

Flüchtige in engen Booten
überall die vielen Toten
Krieg und Mord an allen Enden
Kinder tot an Urlaubsstränden
Gequälte Tiere, verbrannte Wälder
Gerodet für die Palmölfelder

Ich bin verzweifelt, voller Wut
Wohin ich seh, da ist nur Blut

Der Krone Schöpfung ist das nicht!
Brutal ist daher ihr Gesicht

Wohin soll das noch alles führen?
Mein Herz voll Mitleid kann ich spüren

Was tu ich, um das zu verhindern?
Was überlass ich meinen Kindern?
Drum überleg und handle schnell,
bevor der Tag wird nicht mehr hell

An ihm trägt man sehr oft so schwer
Manchmal zum Nächsten ist nicht fair

Er schnürt das Herz und auch die Kehle
Beschwert sodann die eigne Seele

Drum lös die Ketten und die Schnüre
und öffne deine Herzenstüre

Wirf ihn fort und weit, weit weg
Hände in die Höhe streck

Atme tief und lache laut
Ballast dir nur den Weg verbaut

Ich verzweifle an der Trauer
Baut sich auf, wie eine Mauer

Überwinden will ich sie
Frag mich aber täglich – wie?

Mittendrin in meinem Leben ist sie,
wie ein Stich ins Herz
Plötzlich tritt er auf der Schmerz

Nimmt mir Atem, Freude, Leben
In mir gibt`s ein wildes Beben

Kämpfe ohne Unterlass
Ich die Traurigkeit nicht fass

Doch die Zeit heilt alle Wunden
Traurigkeit wird überwunden

Darauf setze ich ganz fest
Traurigkeit verschwinden lässt

Schwere Lasten, das sind Sorgen
Die vergällen dir den Morgen

Sorgen können krank dich machen,
denn dann kannst du nicht mehr lachen

Sorgen führn zu Kopfzerbrechen
Mit schlechtem Schlaf sie sich gar rächen

Daher der Sorge gebiete Halt
Die Lösung dann du findest bald

Gefangen in so manchem Denken
Die Angst den anderen zu kränken

Gefangen in geballter Wut,
die sich dann explosiv entlud

Gefangen in Gedanken schwer,
die unergründlich wie das Meer

Gefangen in verletztem Ich
und dass man hinterfragt nur sich

So spreng die Fessel, die du gemacht
Denn Freiheit dann darunter lacht

Leere Worte

Gefasel hört man überall
Die Worte, sie sind nur noch Schall

Worthülsen wie Eicheln im Wald
Wildschweine sie fressen sie bald

So leer und gehaltlos wie Staub
So trocken, wie fallendes Laub

Im Übermaß gesprochen laut
Mit Inhalt sind sie nicht gebaut

Nur wenn das Wort gehalten wird,
es grüne Saat dann neu gebiert

Drum überleg bevor du sprichst
und dein Wort du danach brichst

Sie überwindet reißend Flut
Sie zu betreten fordert Mut

Mal kann sie schwanken, rutschig sein
Gib Acht, dass du nicht brichst ein Bein

Aus Glas kann auch der Boden sein
Pass auf, dass er dann bricht nicht ein

Doch wenn du sie betreten hast
und mutig dir ein Herz gefasst
so schreitest Neuem du entgegen
und alle Angst wird sich dann legen

Ansonsten könnten Wege enden,
wenn Brücken wir nicht manchmal fänden

So schau die nächste Brücke an
Ein neuer Weg sich öffnen kann

Weitere Veröffentlichungen

Oskars Reise

*ISBN: 978-3-**7448-0928-3***

Dieses Buch habe ich allen Kindern und Erwachsenen gewidmet, die mit einer körperlichen oder geistigen Einschränkung leben. Die Geschichte erzählt von einem Jungen mit Namen Oskar, der durch einen Traum lernte, dass jeder Mensch liebenswert und einzigartig ist und auch ein Leben mit Einschränkungen ein schönes Leben ist.

Tiergeschichten
von Heike Boeke
ISBN: 978-3-7460-3467-6

Lassen Sie sich überzeugen von Caro, die den Mut hatte sich ihre Träume zu erfüllen, von Marvin der lernte, dass er auch als Erpel die Welt erobern kann und von Clothilde, die merkte, das Ballast hinderlich ist, um ein Ziel zu erreichen.

Wie oft träumen wir von etwas und trauen uns nicht unseren Traum Realität werden zu lassen ? Wie oft denken wir das reichere, schönere und erfolgreichere Menschen es besser haben? Wie oft hindert uns der tägliche Ballast unsere gesetzten Ziele zu erreichen? Lassen Sie sich von meinen drei Geschichten verzaubern ,die sowohl für Erwachsene als auch für Kinder von mir geschrieben worden sind.

Erfülle dir deine Träume!
Versuche nicht jemand anderes zu sein als du selbst!
Werfe den Ballast über Bord!

Gedichtband Natur

ISBN: 978-3-7460-1687-0
Gedichte über die Schönheit der Natur